MW01536706

Made in the USA
Las Vegas, NV
17 February 2022

44140468R00063